AF205430

Impressum
Verlag: BABADADA GmbH, Nedderfeld 112 , 22529 Hamburg
Geschäftsführer / Verlagsleitung: Harald Hof
Druck: Books on Demand GmbH, In de Tarpen 42, 22848 Norderstedt

Imprint
Publisher: BABADADA GmbH, Nedderfeld 112 , 22529 Hamburg, Germany
Managing Director / Publishing direction: Harald Hof
Print: Books on Demand GmbH, In de Tarpen 42, 22848 Norderstedt, Germany

škola

škola

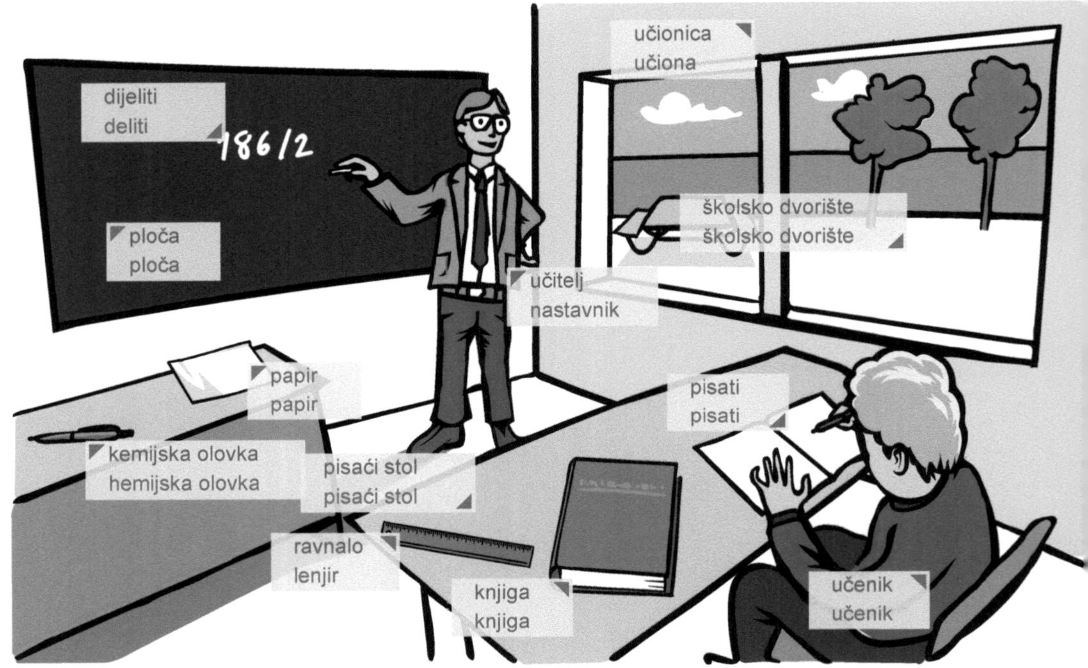
učionica
učiona
dijeliti
deliti
186/2
ploča
ploča
školsko dvorište
školsko dvorište
učitelj
nastavnik
papir
papir
pisati
pisati
kemijska olovka
hemijska olovka
pisaći stol
pisaći stol
ravnalo
lenjir
knjiga
knjiga
učenik
učenik

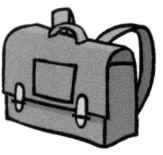

torba

torba

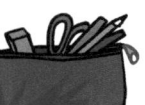

pernica

pernica

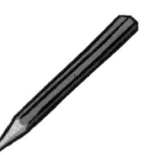

grafitna olovka

grafitna olovka

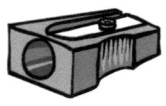

šiljilo za olovke

šiljilo za olovke

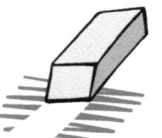

gumica za brisanje

gumica za brisanje

blok za crtanje

blok za crtanje

crtež

crtež

kist

kist

kutija s bojama

kutija sa bojama

makaze

makaze

ljepilo

lepilo

bilježnica

beležnica

domaći zadatak

domaći zadatak

broj

broj

sabirati

sabirati

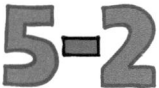

oduzimati

oduzimati

množiti

množiti

računati

računati

slovo

slovo

abeceda

abeceda

riječ

reč

tekst

tekst

čitati

čitati

kreda

kreda

sat

čas

dnevnik

dnevnik

ispit

ispit

svjedodžba

svedočanstvo

školska uniforma

školska uniforma

obrazovanje

obrazovanje

leksikon

leksikon

sveučilište

univerzitet

mikroskop

mikroskop

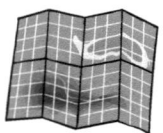

karta

karta

košara za papir

košara za papir

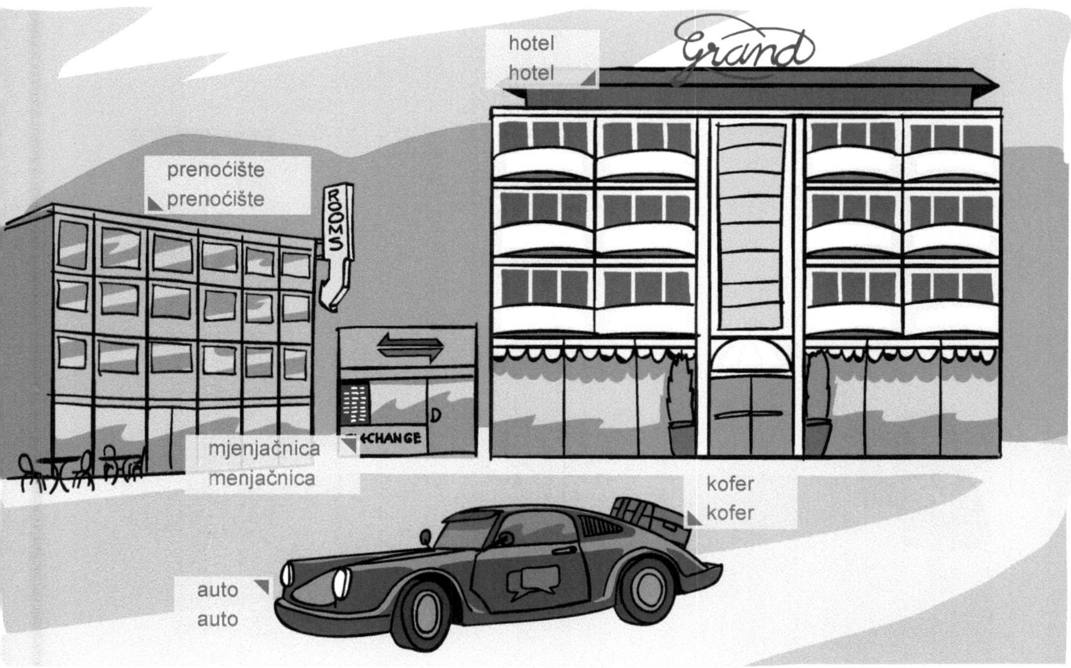

hotel
hotel

Grand

prenoćište
prenoćište

ROOMS

mjenjačnica
menjačnica

ECHANGE

kofer
kofer

auto
auto

jezik
jezik

da / ne
da / ne

okay
okej

zdravo
zdravo

prevoditelj
prevodilac

hvala
hvala

Koliko košta...?

Koliko košta...?

ne razumijem

ne razumem

problem

problem

dobro veče!

dobro veče!

Dobro jutro!

Dobro jutro!

Laku noć!

Laku noć!

doviđenja

doviđenja

smjer

smer

prtljaga

prtljaga

torba

torba

ruksak

ruksak

gost

gost

soba

soba

vreća za spavanje

vreća za spavanje

šator

šator

turističke informacije
turističke informacije

plaža
plaža

kreditna kartica
kreditna kartica

doručak
doručak

ručak
ručak

večera
večera

karta za vožnju
karta za vožnju

dizalo
lift

poštanska markica
poštanska markica

granica
granica

carina
carina

ambasada
ambasada

viza
viza

putovnica
pasoš

transport

transport

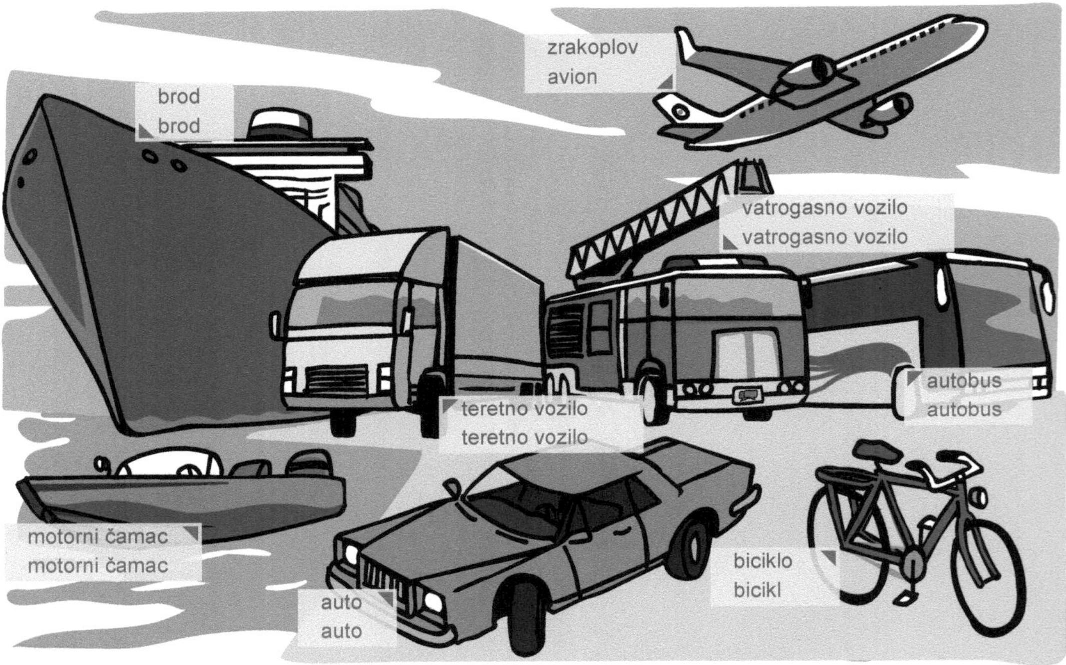

zrakoplov
avion
brod
brod
vatrogasno vozilo
vatrogasno vozilo
autobus
autobus
teretno vozilo
teretno vozilo
motorni čamac
motorni čamac
biciklo
bicikl
auto
auto

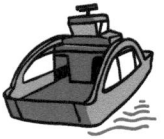

trajekt

trajekt

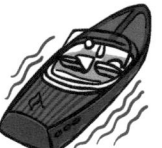

čamac

čamac

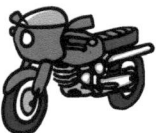

motocikl

motocikl

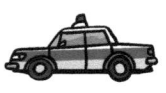

policijski auto

policijski auto

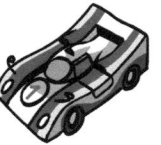

trkaći auto

trkaći auto

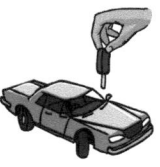

iznajmljeno auto

iznajmljeno auto

dijeljenje automobila

delenje automobila

vučno vozilo

vučno vozilo

vozilo za odvoz smeća

vozilo za odvoz smeća

motor

motor

benzin

benzin

benzinska postaja

benzinska stanica

prometni znak

saobraćajni znak

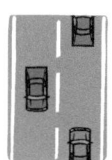

promet

saobraćaj

zastoj

zastoj

parkiralište

parkiralište

kolodvor

željeznička stanica

šine

šine

vlak

voz

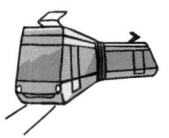

tramvaj

tramvaj

vagon

vagon

helikopter
....
helikopter

zrakoplovna luka
....
aerodrom

toranj
....
kula

putnik
....
putnik

kontejner
....
kontejner

karton
....
karton

kolica
....
kolica

košara
....
korpa

uzletjeti / sletjeti
....
uzleteti / sleteti

grad
grad

selo
....
selo

centar grada
....
centar grada

kuća
....
kuća

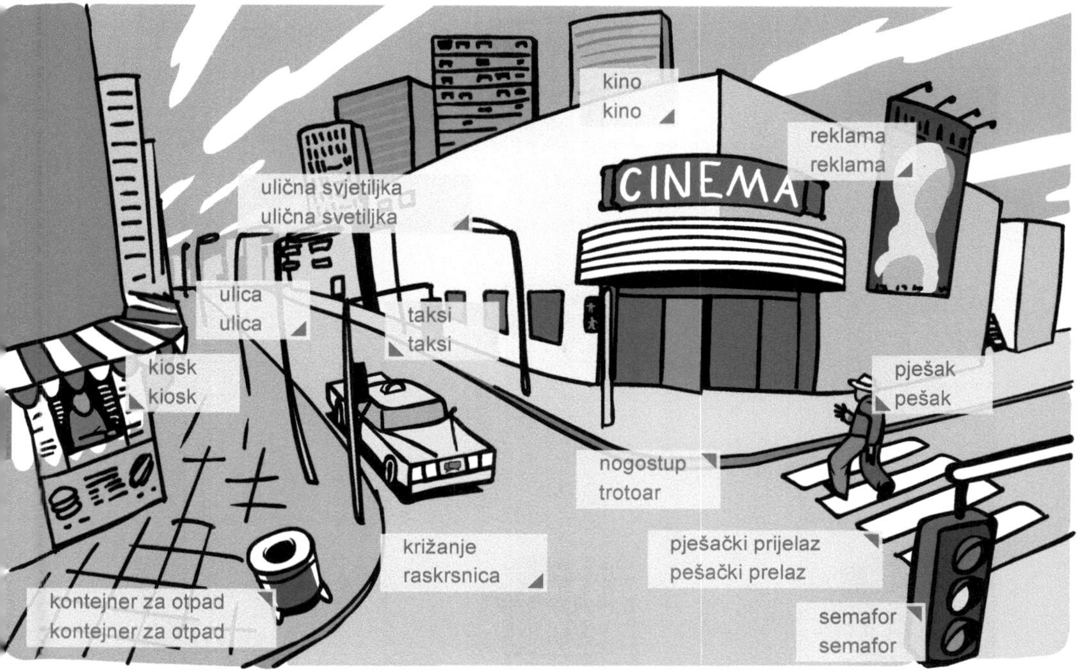

kino
kino

reklama
reklama

ulična svjetiljka
ulična svetiljka

ulica
ulica

CINEMA

taksi
taksi

pješak
pešak

kiosk
kiosk

nogostup
trotoar

križanje
raskrsnica

pješački prijelaz
pešački prelaz

kontejner za otpad
kontejner za otpad

semafor
semafor

koliba
koliba

stan
stan

kolodvor
željeznička stanica

vijećnica
većnica

muzej
muzej

škola
škola

sveučilište

univerzitet

banka

banka

bolnica

bolnica

hotel

hotel

ljekarna

apoteka

ured

kancelarija

knjižara

knjižara

prodavaonica

prodavnica

cvjećara

cvećara

supermarket

supermarket

trg

trg

robna kuća

robna kuća

ribarnica

ribarnica

trgovački centar

trgovački centar

luka

luka

park	klupa	most
park	klupa	most

stepenice	podzemna željeznica	tunel
stepenice	podzemna železnica	tunel

autobusna stanica	bar	restoran
autobuska stanica	bar	restoran

poštansko sanduče	ulični znak	parkirni sat
poštansko sanduče	ulični znak	parkirni automat

zoološki vrt	bazen	džamija
zoološki vrt	bazen	džamija

seosko gazdinstvo
seosko gazdinstvo

zagađenje okoliša
zagađenje okoline

groblje
groblje

crkva
crkva

igralište
igralište

hram
hram

krajolik
pejsaž

list
list

putokaz
putokaz

put
put

livada
livada

kamen
kamen

drvo
drvo

šetač
šetač

rijeka
reka

trava
trava

cvijet
cvijet

dolina
dolina

planina
planina

jezero
jezero

šuma
šuma

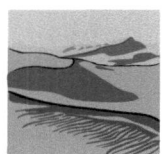

pustinja
pustinja

vulkan
vulkan

dvorac
dvorac

duga
duga

gljiva
gljiva

palma
palma

moskito
moskito

muha
muva

mrav
mrav

pčela
pčela

pauk
pauk

buba
....
buba

žaba
....
žaba

vjeverica
....
veverica

jež
....
jež

zec
....
zec

sova
....
sova

ptica
....
ptica

labud
....
labud

divlja svinja
....
divlja svinja

jelen
....
jelen

los
....
los

nasip
....
nasip

vjetrenjača
....
vetrenjača

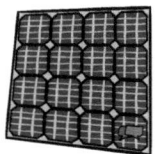

solarna ploča
....
solarna ploča

klima
....
klima

restoran

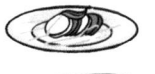

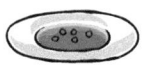

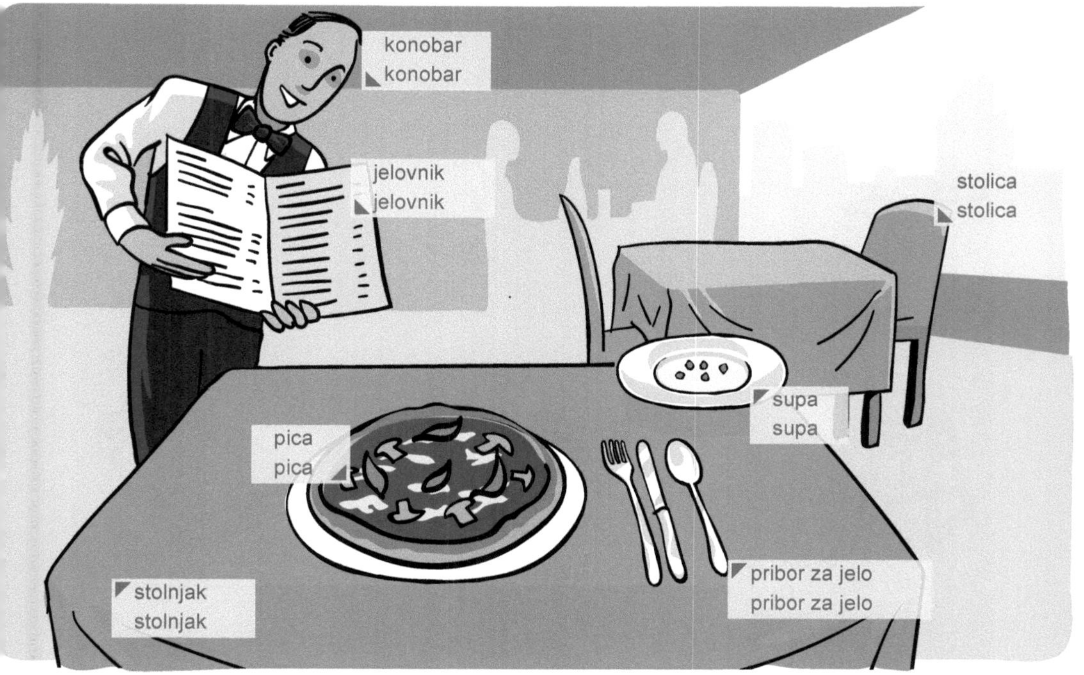

konobar
konobar
jelovnik
jelovnik
stolica
stolica
supa
supa
pica
pica
pribor za jelo
pribor za jelo
stolnjak
stolnjak

predjelo
predjelo

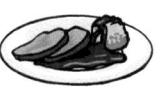

glavno jelo
glavno jelo

desert
desert

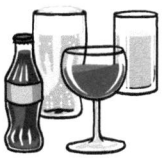

napitci
napitci

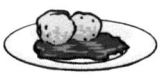

jelo
jelo

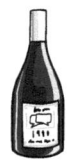

boca
flaša

fastfood

brza hrana

imbis hrana

imbis hrana

čajnik

čajnik

doza za šećer

doza za šećer

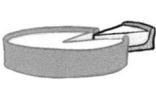

porcija

porcija

aparat za espresso

aparat za espresso

visoka stolica

visoka stolica

račun

račun

pladanj

poslužavnik

nož

nož

vilica

viljuška

žlica

kašika

čajna žlica

čajna kašika

ubrus

salveta

čaša

čaša

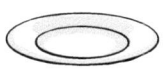

tanjur

tanjir

tanjur za supu

tanjir za supu

tanjurić

tanjirić

sos

sos

soljenka

soljenka

mlin za biber

mlin za biber

ocat

sirće

ulje

ulje

začini

začini

kečap

kečap

senf

senf

majoneza

majoneza

supermarket
supermarket

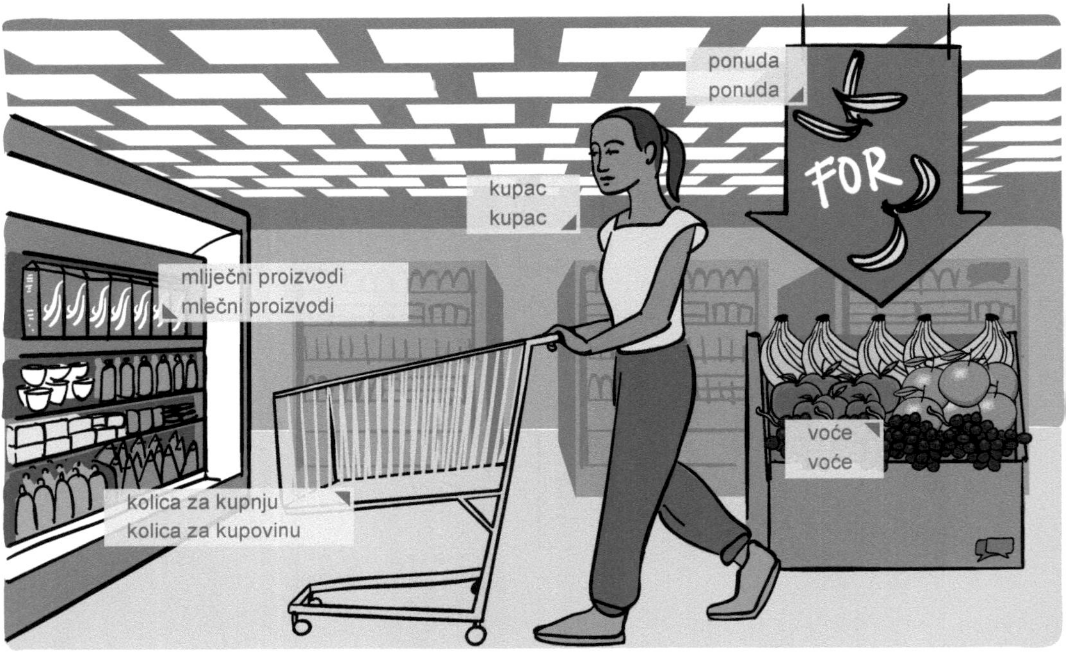
ponuda
ponuda
kupac
kupac
mliječni proizvodi
mlečni proizvodi
voće
voće
kolica za kupnju
kolica za kupovinu
FOR

BUTCHERS
mesnica
mesnica

BAKERY
pekarnica
pekara

vagati
vagati

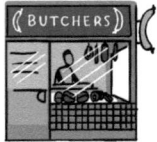

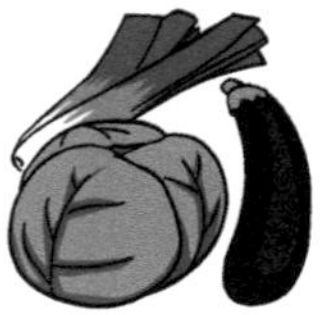
povrće
povrće

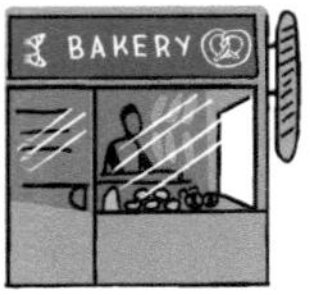

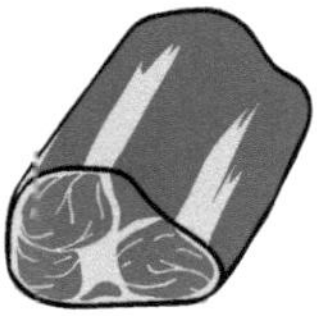
meso
meso

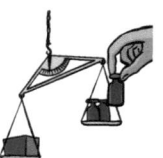

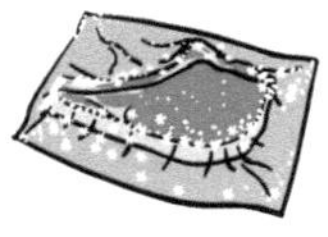
duboko smrznuta hrana
smrznuta hrana

narezak

narezak

konzerve

konzerve

sredstvo za pranje

sredstvo za pranje

slatkiši

slatkiši

artikli za domaćinstvo

artikli za domaćinstvo

sredstva za čišćenje

sredstva za čišćenje

prodavačica

prodavačica

blagajna

blagajna

blagajnik

blagajnik

lista za kuprju

lista za kupovinu

vrijeme rada

vreme rada

novčanik

novčanik

kreditna kartica

kreditna kartica

torba

torba

plastična vrećica

plastična kesa

voda
voda

sok
sok

mlijeko
mleko

cola
kola

vino
vino

pivo
pivo

alkohol
alkohol

kakao
kakao

čaj
čaj

kava
kava

espresso
espresso

cappuccino
cappuccino

banana

banana

jabuka

jabuka

naranča

narandža

lubenica

lubenica

limun

limun

mrkva

šargarepa

češnjak

beli luk

bambus

bambus

luk

luk

gljiva

gljiva

orašasti plodovi

orašasti plodovi

rezanci

rezanci

špagete

špagete

riža

riža

salata

salata

pomfrit

pomfrit

pečeni krumpir

pečeni krumpir

pica

pica

hamburger

hamburger

sendvič

sendvič

šnicla

šnicla

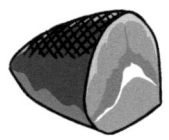

pršut

šunka

salama

salama

kobasica

kobasica

kokoš

kokoš

pečenje

pečenje

riba

riba

zobene pahuljice

zobene pahuljice

musli

musli

kukuruzne pahuljice

kukuruzne pahuljice

brašno

brašno

roščić

kroasan

pecivo

pecivo

kruh

hleb

toast

toast

keksi

keksi

maslac

maslac

svježi sir

sveži sir

kolač

kolač

jaje

jaje

jaje na oko

jaje na oko

sir

sir

jelo - jelo

sladoled
sladoled

šećer
šećer

med
med

marmelada
marmelada

nugat krema
nugat krema

curry
kari

seosko gazdinstvo
seosko gazdinstvo

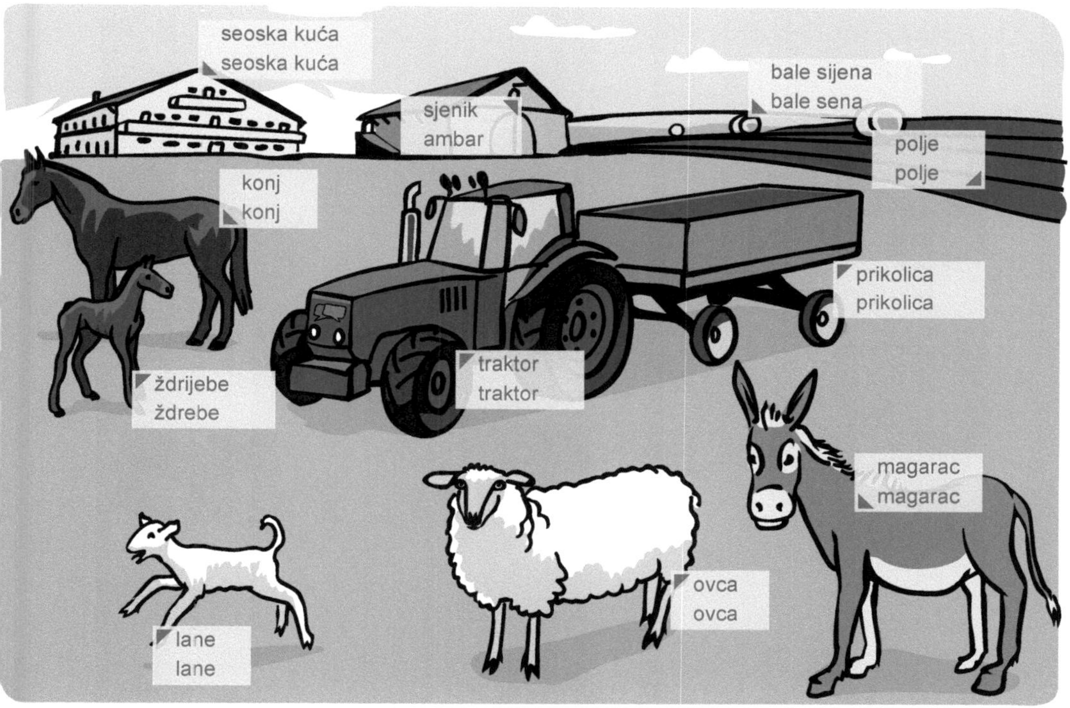
seoska kuća
seoska kuća
sjenik
ambar
bale sijena
bale sena
polje
polje
konj
konj
prikolica
prikolica
traktor
traktor
ždrijebe
ždrebe
magarac
magarac
ovca
ovca
lane
lane

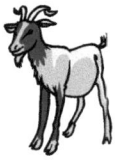

koza
koza

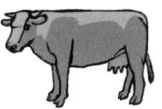

krava
krava

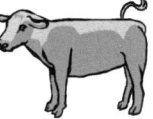

tele
tele

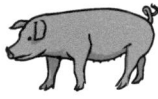

svinja
svinja

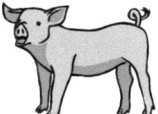

prase
prase

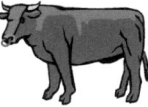

bik
bik

guska
guska

patka
patka

pilići
pilići

kokoš
kokoš

pijetao
petao

pacov
pacov

mačka
mačka

miš
miš

vol
vol

pas
pas

kućica za psa
kućica za psa

vrtno crijevo
vrtno crevo

kanta za polijevanje
kanta za polivanje

kosa
kosa

plug
plug

srp
srp

motika
motika

vilica za gnojivo
viljuška za đubrivo

sjekira
sekira

tačke
tačke

korito
korito

posuda za mlijeko
posuda za mleko

vreća
vreća

ograda
ograda

štala
štala

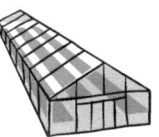

staklenik
staklenik

zemlja
zemlja

sjeme
seme

gnojivo
đubrivo

kombajn
kombajn

žanjati

žeti

žetva

žetva

yams začin

jams začin

pšenica

pšenica

soja

soja

krumpir

krumpir

kukuruz

kukuruz

uljana repica

uljana repica

voćka

voćka

gomolj manioke

gomolj manioke

žitarice

žitarice

kuća
kuća

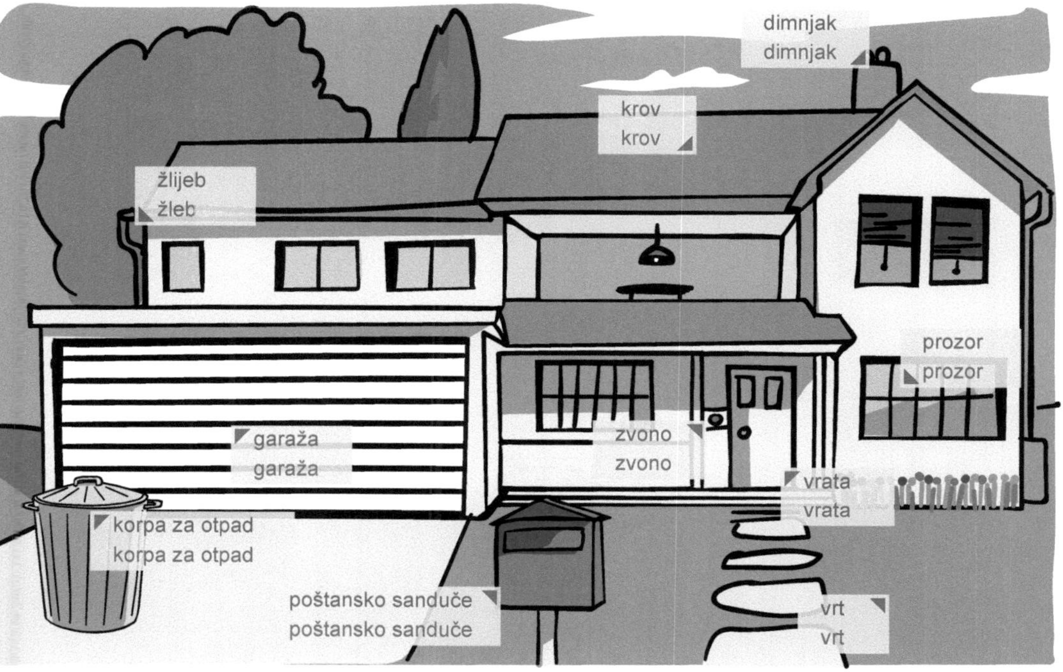
dimnjak
dimnjak
krov
krov
žlijeb
žleb
prozor
prozor
garaža
garaža
zvono
zvono
vrata
vrata
korpa za otpad
korpa za otpad
poštansko sanduče
poštansko sanduče
vrt
vrt

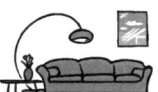

dnevna soba
dnevna soba

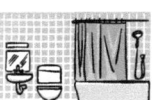

kupaonica
kupaonica

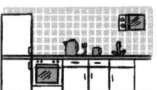

kuhinja
kuhinja

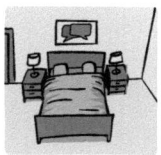

spavaća soba
spavaća soba

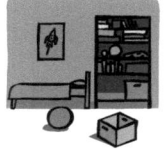

dječija soba
dečija soba

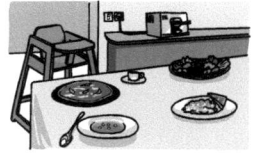

trpezarija
trpezarija

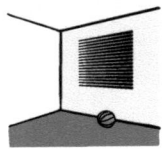

pod
....
pod

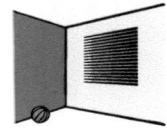

zid
....
zid

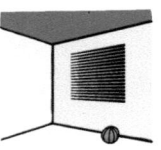

strop
....
strop

podrum
....
podrum

sauna
....
sauna

balkon
....
balkon

terasa
....
terasa

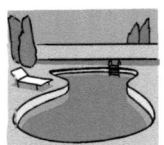

bazen
....
bazen

kosilica za travu
....
kosilica za travu

posteljina za krevet
....
posteljina za krevet

deka za krevet
....
deka za krevet

krevet
....
krevet

metla
....
metla

kanta
....
kanta

sklopka
....
prekidač

dnevna soba
dnevna soba

tapeta
tapeta
slika
slika
svjetiljka
svetiljka
regal
regal
ormar
ormar
kamin
kamin
televizija
televizija
cvijet
cvijet
jastuk
jastuk
kauč
kauč
vaza
vaza
daljinski upravljač
daljinski upravljač

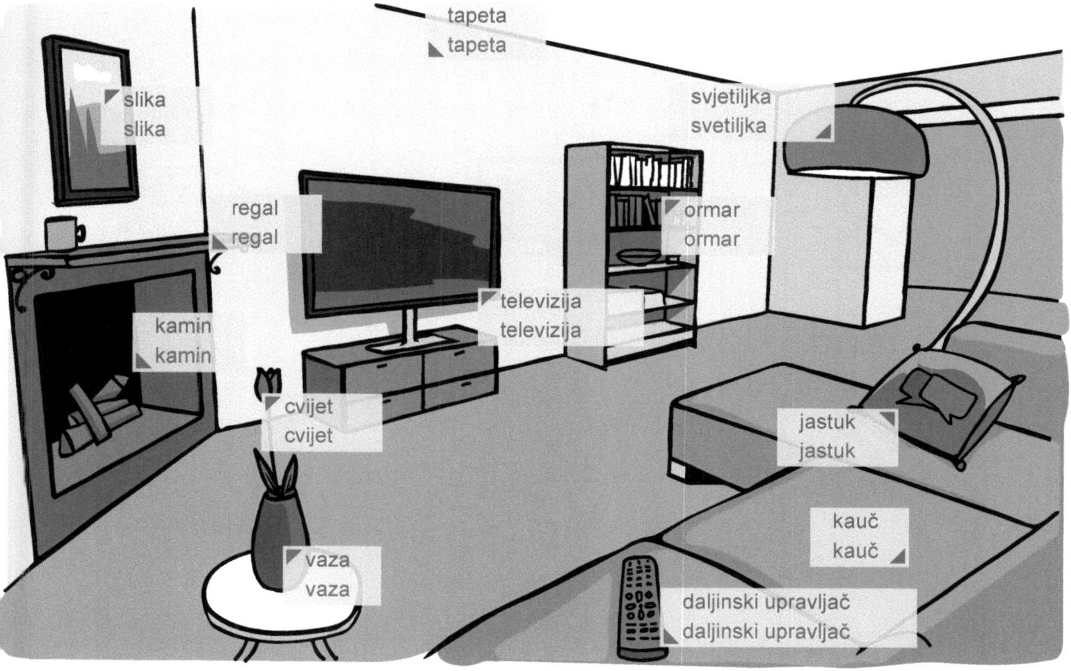

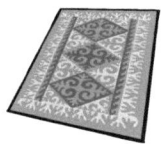

tepih

tepih

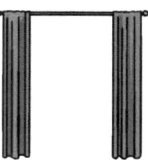

zavjesa

zavesa

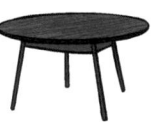

stol

sto

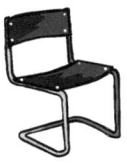

stolica

stolica

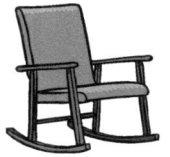

stolica za njihanje

stolica za njihanje

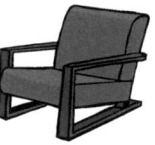

fotelja

fotelja

knjiga

knjiga

deka

deka

dekoracija

dekoracija

drvo za ogrjev

drvo za ogrev

film

film

stereo uređaj

hi-fi uređaj

ključ

ključ

novine

novine

slika na platnu

slika na platnu

poster

poster

radio

radio

blok za pisanje

blok za pisanje

usisavač

usisivač

kaktus

kaktus

svijeća

sveća

kuhinja
kuhinja

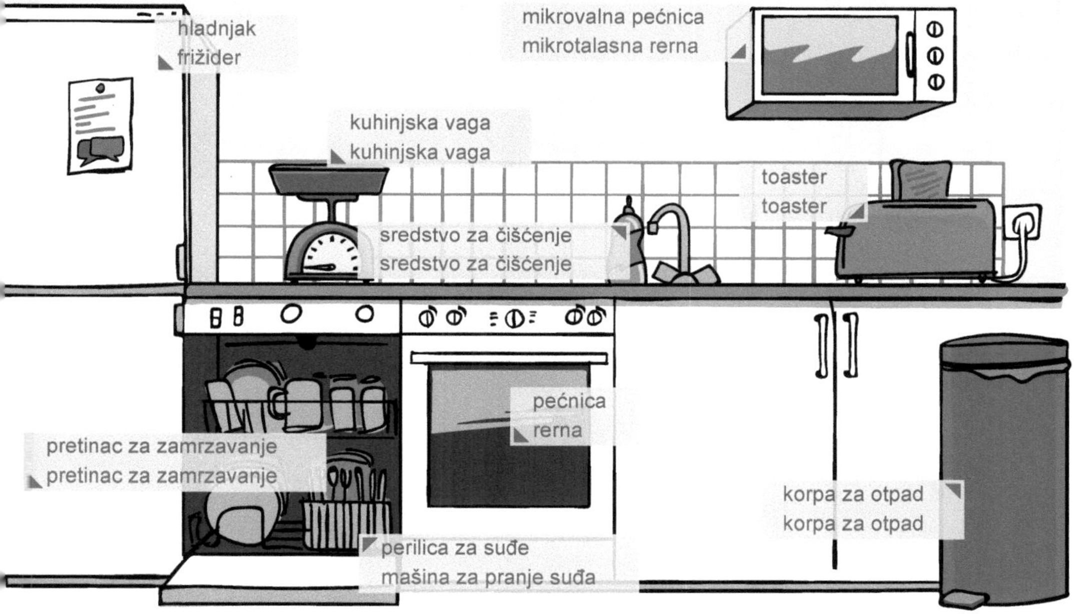

hladnjak
frižider
mikrovalna pećnica
mikrotalasna rerna
kuhinjska vaga
kuhinjska vaga
toaster
toaster
sredstvo za čišćenje
sredstvo za čišćenje
pećnica
rerna
pretinac za zamrzavanje
pretinac za zamrzavanje
korpa za otpad
korpa za otpad
perilica za suđe
mašina za pranje suđa

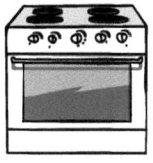

štednjak

šporet

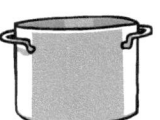

lonac

lonac

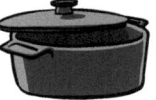

željezni lonac

gvozdeni lonac

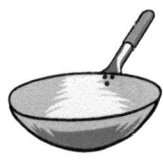

wok / kadai

wok / kadai

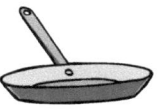

tava

tava

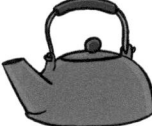

kuhalo za vodu

kuvalo za vodu

kuhalo na paru
kuvalo na paru

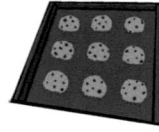

lim za pečenje
lim za pečenje

posuđe
posuđe

čaša
čaša

zdjela
posuda

štapići za jelo
štapići za jelo

kutljača
kutlača

lopatica
lopatica

pjenjača
penjača

sito za kuhanje
sito za kuvanje

sito
sito

ribež
ribež

mužar
mužar

roštilj
roštilj

ognjište
ognjište

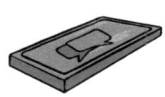

daska

daska

oklagija

oklagija

vadičep

vadičep

konzerva

konzerva

otvarač konzervi

otvarač konzervi

krpa za lonac

krpa za lonac

sudoper

sudoper

četka

četka

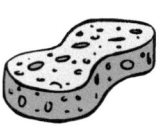

spužva

sunđer

mikser

mikser

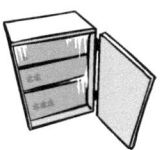

zamrzivač

zamrzivač

bočica za bebe

flašica za bebe

slavina za vodu

slavina za vodu

kupaonica
kupaonica

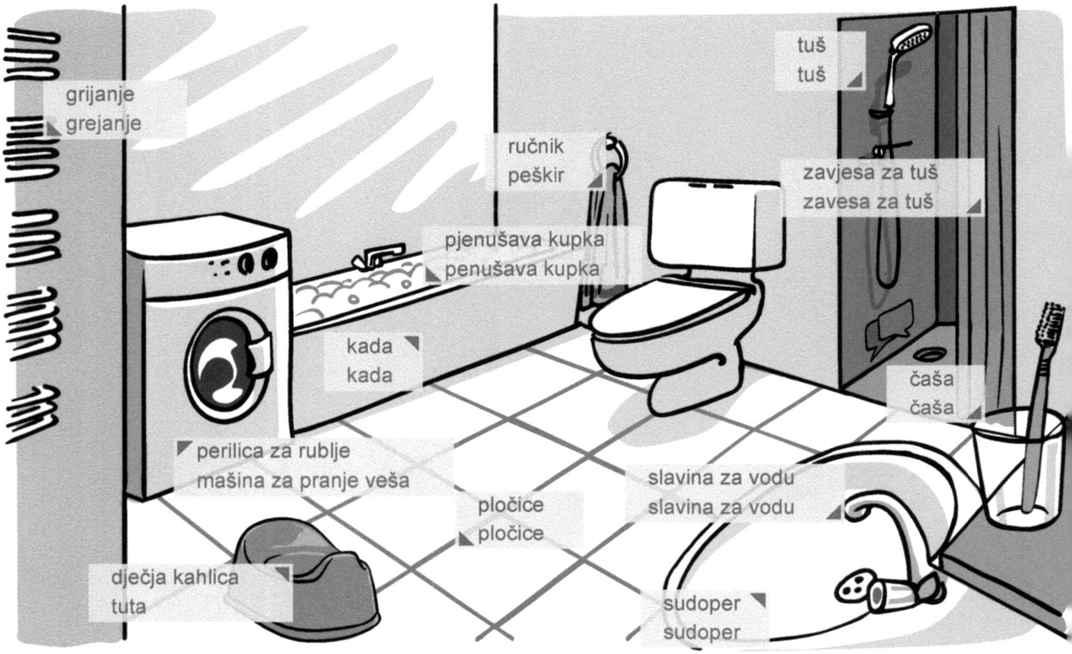

tuš
tuš
grijanje
grejanje
ručnik
peškir
zavjesa za tuš
zavesa za tuš
pjenušava kupka
penušava kupka
kada
kada
čaša
čaša
perilica za rublje
mašina za pranje veša
slavina za vodu
slavina za vodu
pločice
pločice
dječja kahlica
tuta
sudoper
sudoper

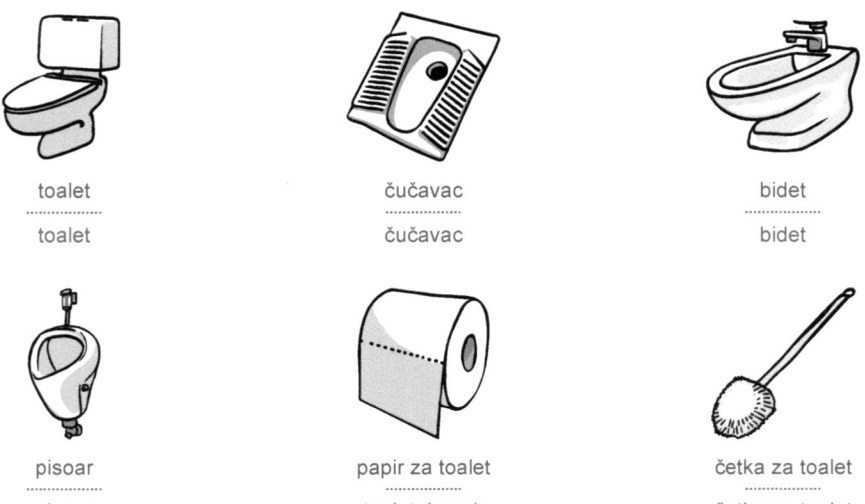

toalet
toalet

čučavac
čučavac

bidet
bidet

pisoar
pisoar

papir za toalet
toaletni papir

četka za toalet
četka za toalet

četkica za zube
četkica za zube

pasta za zube
pasta za zube

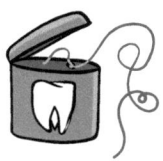

konac za zube
konac za zube

prati
prati

tuš ručica
tuš ručica

tuš za pranje intimnih dijelova
tuš za pranje intimnih delova

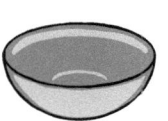

lavor
lavor

četka za pranje leđa
četka za pranje leđa

sapun
sapun

gel za tuširanje
gel za tuširanje

šampon
šampon

krpa za pranje
krpa za pranje

odvod
odvod

krema
krema

dezodorans
dezodorans

ogledalo
ogledalo

kozmetičko ogledalo
kozmetičko ogledalo

brijač
brijač

pjena za brijanje
pena za brijanje

losion za poslije brijanja
losion za posle brijanja

češalj
češalj

četka
četka

sušilo za kosu
fen za kosu

sprej za kosu
sprej za kosu

makeup
makeup

ruž za usne
ruž za usne

lak za nokte
lak za nokte

vata
vata

škare za nokte
makaze za nokte

parfem
parfem

neseser

kozmetička torbica

stolica

stolica

vaga

vaga

ogrtač

ogrtač

rukavice za čišćenje

rukavice za čišćenje

tampon

tampon

uložak

uložak

kemijski toalet

hemijski toalet

dječija soba

dečija soba

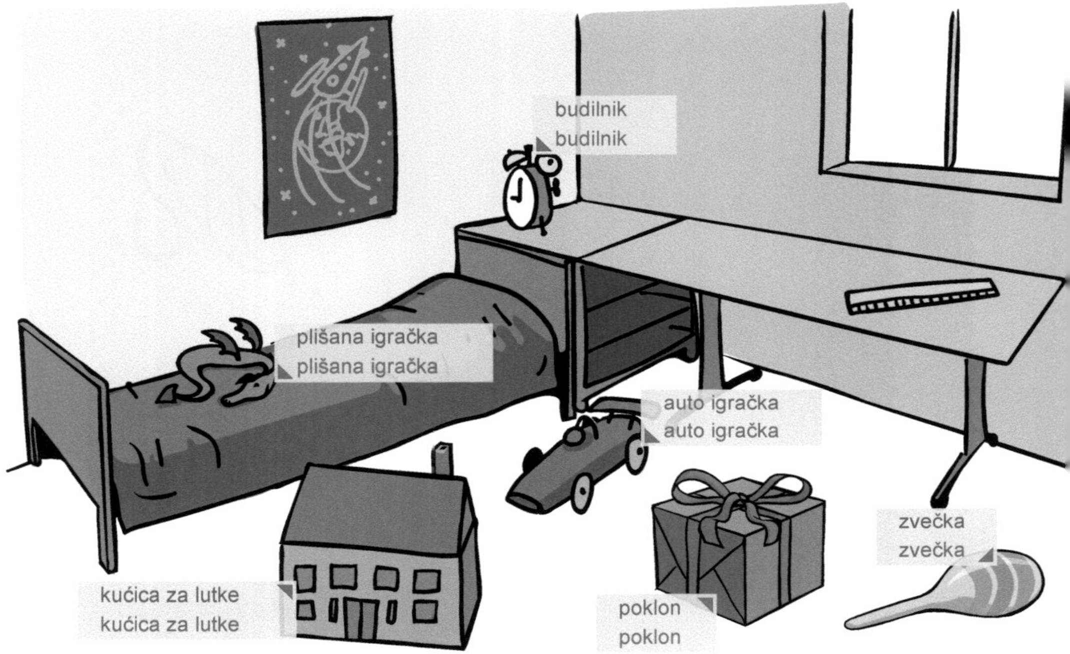
budilnik
budilnik
plišana igračka
plišana igračka
auto igračka
auto igračka
zvečka
zvečka
kućica za lutke
kućica za lutke
poklon
poklon

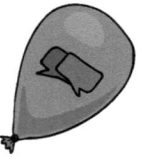

balon

balon

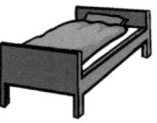

krevet

krevet

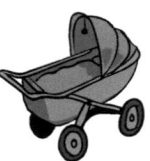

dječija kolica

dječija kolica

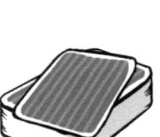

igra s kartama

igra s kartama

slagalica

slagalica

SUPER MEGA

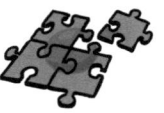

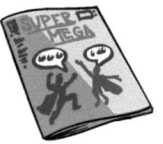

strip

strip

lego kockice

lego kockice

kockice za slaganje

kockice za slaganje

akcioni junak

akcioni junak

kombinezon za bebe

benkica za bebe

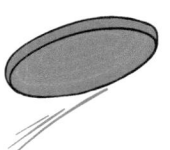

frizbi

frizbi

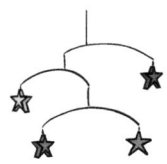

viseće igračke

viseće igračke

društvene igre

društvene igre

kocka

kocka

minijaturna željeznica

minijaturna željeznica

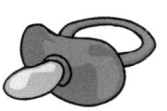

duda

duda

tulum

zabava

slikovnica

slikovnica

lopta

lopta

lutka

lutka

igrati

igrati

pješčanik
pješčanik

ljuljačka
ljuljačka

igračka
igračka

konzola za igre
konzola za igre

tricikl
tricikl

plišani medo
tedi

ormar
ormar

odjeća
odeća

kratke čarape
kratke čarape

čarape
čarape

hulahopke
hulahopke

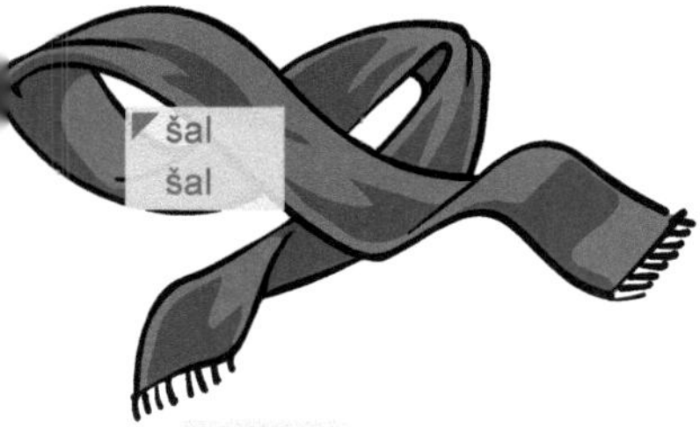

šal
šal

kaiš
kaiš

kišobran
kišobran

t-shirt
majica

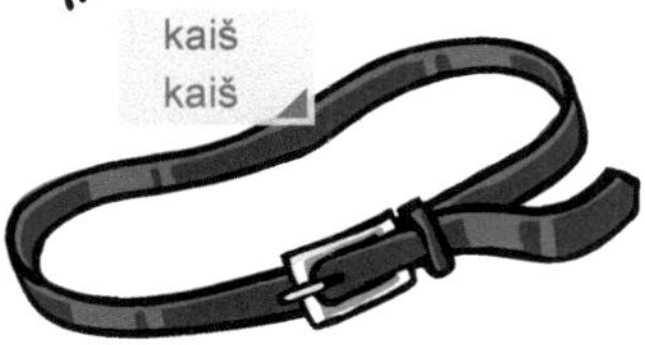

patike
patike

čizme
čizme

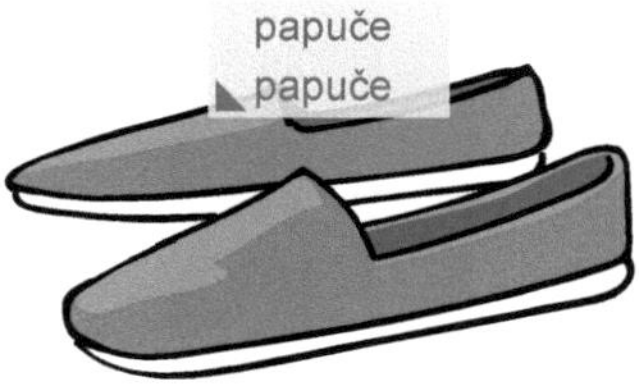

papuče
papuče

sandale
sandale

cipele
cipele

gumene čizme
gumene čizme

gaćice
gaćice

grudnjak
grudnjak

potkošulja
potkošulja

odjeća - odeća

bodi
bodi

hlače
pantalone

džins
farmerke

haljina
suknja

bluza
bluza

košulja
košulja

džemper
džemper

pulover s kapuljačom
džemper s kapuljačom

blejzer
sako

jakna
jakna

kaput
kaput

kabanica
kabanica

kostim
kostim

haljina
haljina

vjenčanica
venčanica

odijelo
odelo

spavaćica
spavaćica

pidžama
pidžama

sari
sari

rubac
marama za glavu

turban
turban

burka
burka

kaftan
kaftan

abaja
abaja

kupaći kostim
kupaći kostim

kupaće gaćice
kupaće gaćice

kratke hlače
kratke pantalone

odjeća za trening
odeća za trening

pregača
kecelja

rukavice
rukavice

gumb

dugme

naočale

naočare

narukvica

narukvica

ogrlica

ogrlica

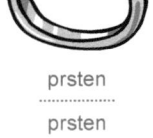

prsten

prsten

naušnica

naušnica

kapa

kapa

vješalica

vešalica

šešir

šešir

kravata

kravata

patent zatvarač

patent zatvarač

kaciga

kaciga

naramenice

naramenice

školska uniforma

školska uniforma

uniforma

uniforma

odjeća - odeća

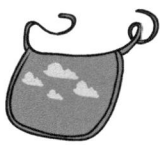

podbradak

podbradak

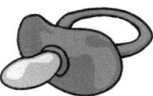

duda

duda

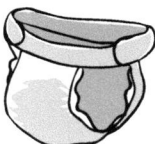

pelena

pelena

ured
kancelarija

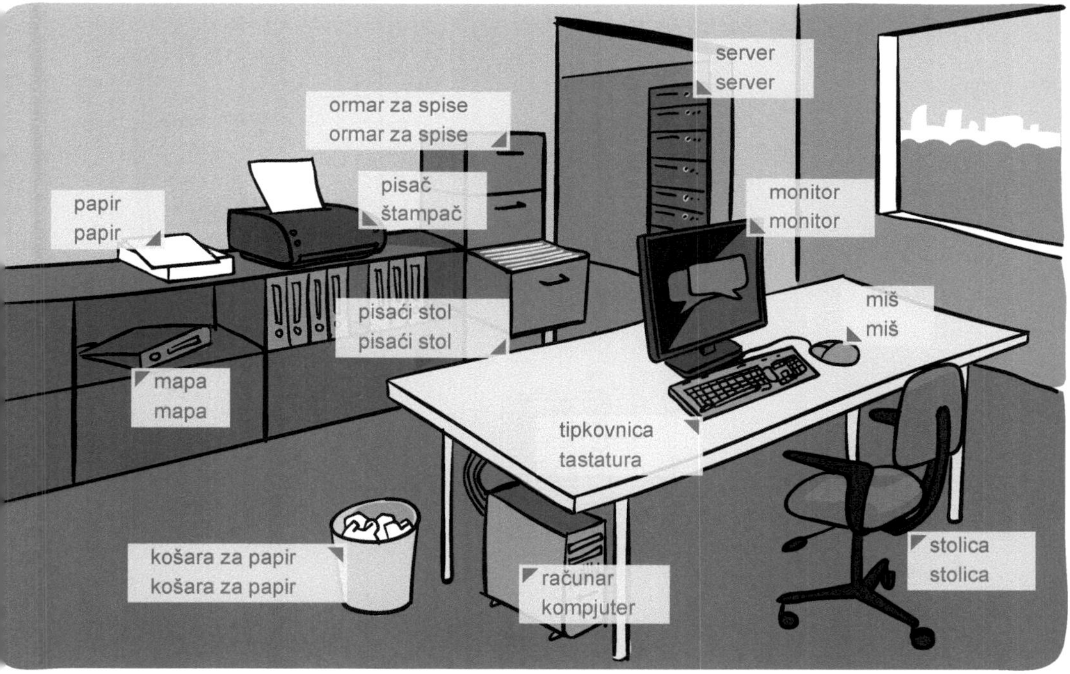
server
server
ormar za spise
ormar za spise
pisač
štampač
papir
papir
monitor
monitor
miš
miš
pisaći stol
pisaći stol
mapa
mapa
tipkovnica
tastatura
košara za papir
košara za papir
stolica
stolica
računar
kompjuter

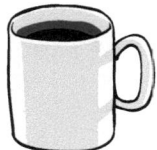

šalica za kavu

šalica za kavu

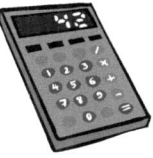

kalkulator

kalkulator

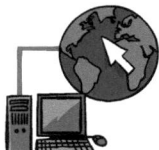

internet

internet

laptop

laptop

pismo

pismo

poruka

poruka

mobilni telefon

mobilni telefon

mreža

mreža

uređaj za kopiranje

uređaj za kopiranje

softver

softver

telefon

telefon

utičnica

utičnica

faks

faks

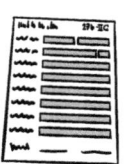

obrazac

formular

dokument

dokument

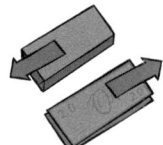

kupovati
kupovati

platiti
platiti

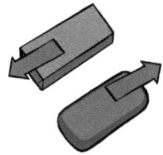

trgovati
trgovati

novac
novac

dolar
dolar

euro
evro

jen
jen

rubalj
rublja

švicarski franak
švajcarski franak

renmindbi yuan
renmindbi juan

rupija
rupija

automat za novac
automat za novac

mjenjačnica
menjačnica

zlato
zlato

srebro
srebro

nafta
nafta

energija
energija

cijena
cena

ugovor
ugovor

porez
porez

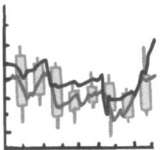

dionica
deonica

raditi
raditi

službenik
službenik

poslodavac
poslodavac

tvornica
fabrika

prodavaonica
prodavnica

zanimanja
zanimanja

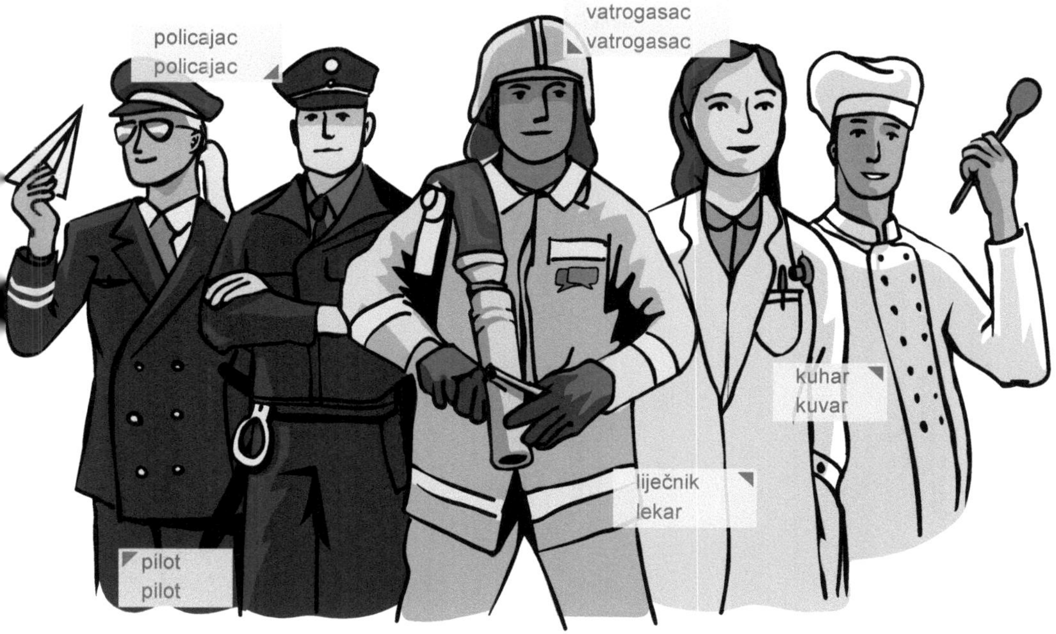
policajac
policajac
vatrogasac
vatrogasac
kuhar
kuvar
liječnik
lekar
pilot
pilot

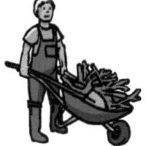

vrtlar
vrtlar

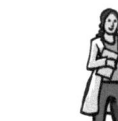

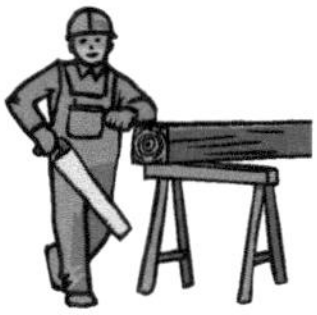
stolar
stolar

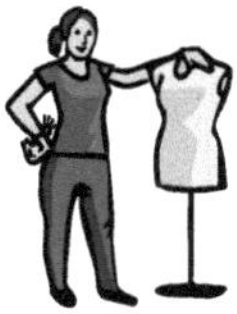
krojačica
krojačica

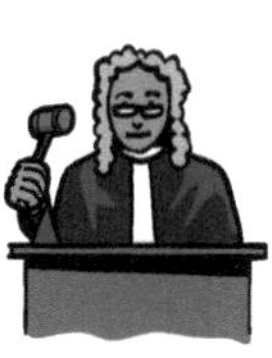

sudija
sudija

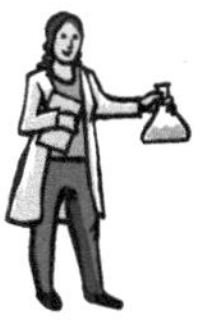
kemičar
hemičar

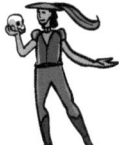

glumac
glumac

vozač autobusa

vozač autobusa

vozač taksija

vozač taksija

ribar

ribar

čistačica

čistačica

krovopokrivač

krovopokrivač

konobar

konobar

lovac

lovac

slikar

slikar

pekar

pekar

električar

električar

građevinski radnik

građevinski radnik

inženjer

inženjer

mesar

mesar

limar

limar

poštar

poštar

vojnik

vojnik

arhitekta

arhitekta

blagajnik

blagajnik

cvjećar

cvećar

frizer

frizer

kondukter

kondukter

mehaničar

mehaničar

kapetan

kapetan

zubar

zubar

znanstvenik

naučnik

rabi

rabi

imam

imam

monah

monah

svećenik

svećenik

alati
alati

čekić
čekić
kliješta
klešta
odvijač
odvijač
ključ za vijke
ključ za zavrtnje
džepna svjetiljka
džepna lampa

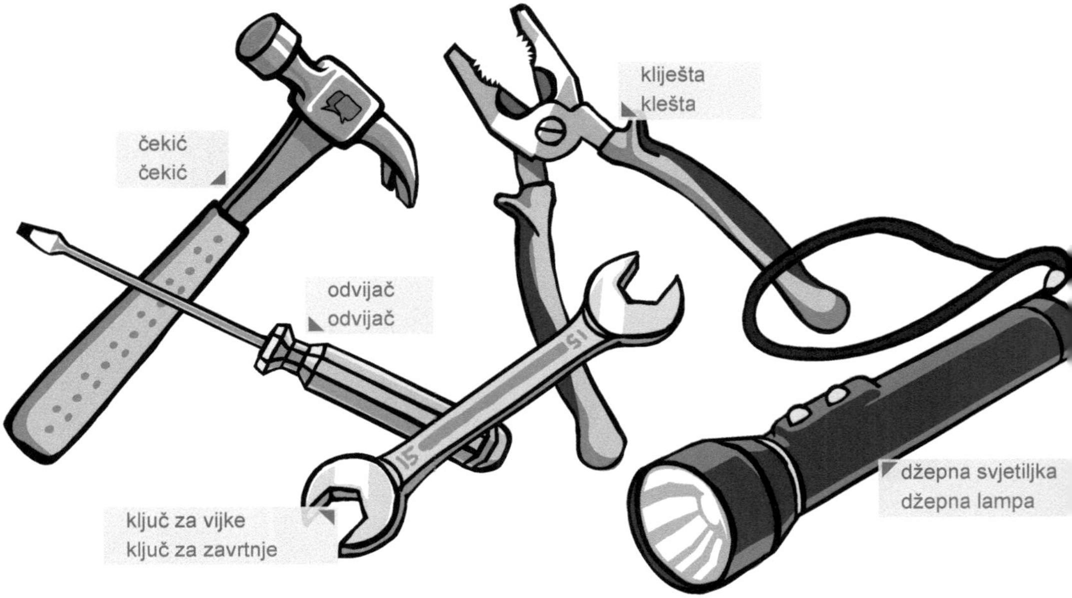

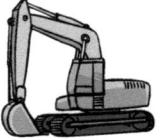

rovokopač

bager

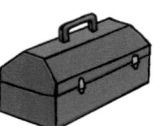

kutija za alat

kutija za alat

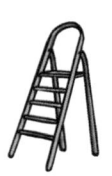

ljestve

merdevine

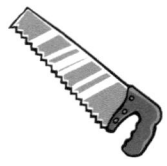

pila

pila

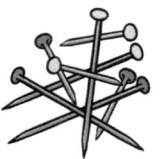

ekser

ekser

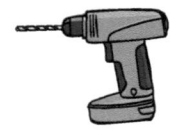

bušilica

bušilica

popraviti
popraviti

lopata
lopata

Sranje!
do đavola!

lopatica
lopatica

lonac za boju
lonac za boju

vijci
zavrtanji

glazbeni instrument
muzički instrument

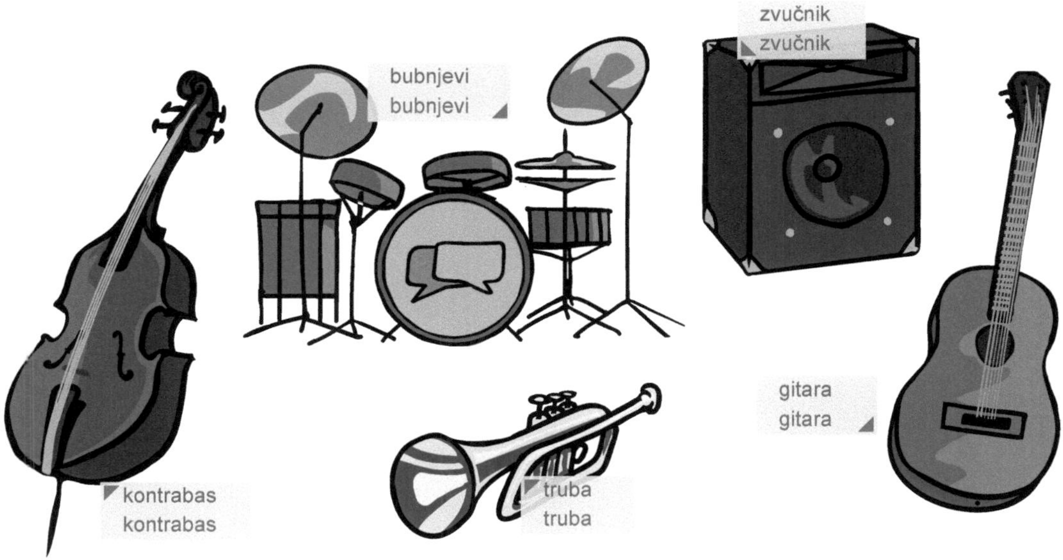

bubnjevi
bubnjevi

zvučnik
zvučnik

gitara
gitara

kontrabas
kontrabas

truba
truba

klavir

klavir

violina

violina

bas

bas

timpani

timpani

udaraljke za bubnjeve

udaraljke za bubnjeve

keyboard

tipke klavira

saksofon

saksofon

flauta

flauta

mikrofon

mikrofon

glazbeni instrument - muzički instrument

zoološki vrt

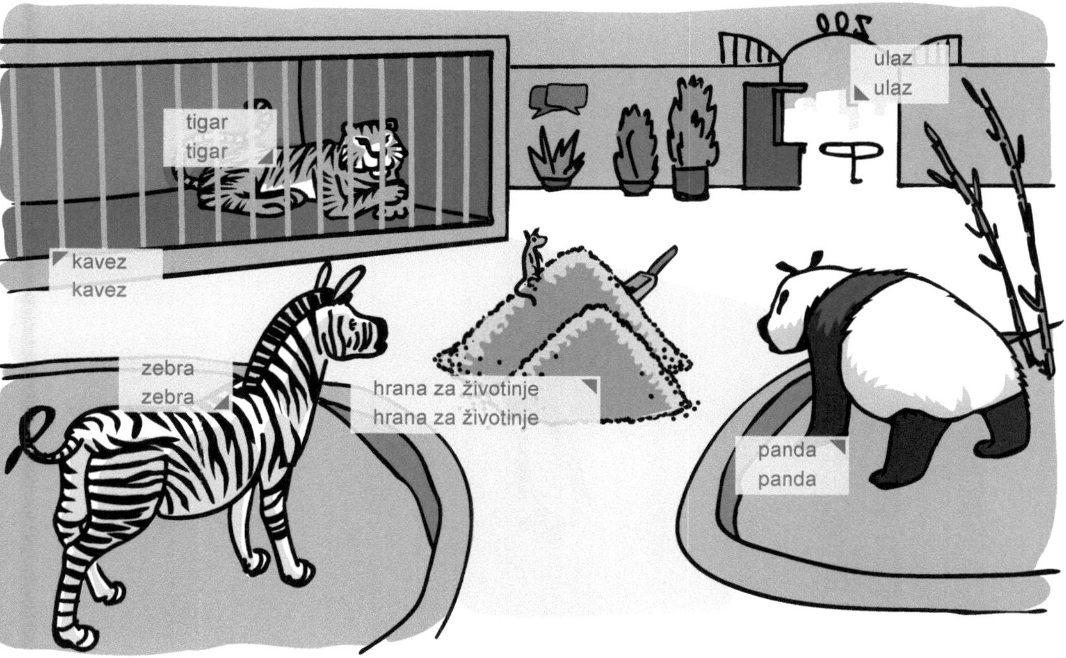
tigar
tigar
ulaz
ulaz
kavez
kavez
zebra
zebra
hrana za životinje
hrana za životinje
panda
panda

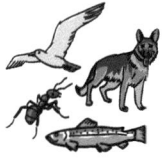

životinje

životinje

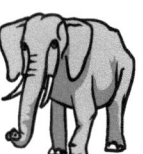

slon

slon

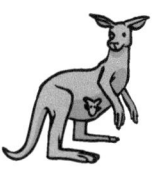

kengur

kengur

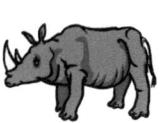

nosorog

nosorog

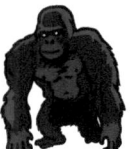

gorila

gorila

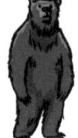

medvjed

medved

kamila

kamila

noj

noj

lav

lav

majmun

majmun

flamingo

flamingo

papagaj

papagaj

polarni medvjed

polarni medved

pingvin

pingvin

ajkula

ajkula

paun

paun

zmija

zmija

krokodil

krokodil

čuvar u zoološkom vrtu

čuvar u zoološkom vrtu

tuljan

tuljan

jaguar

jaguar

poni

poni

leopard

leopard

nilski konj

nilski konj

žirafa

žirafa

orao

orao

divlja svinja

divlja svinja

riba

riba

kornjača

kornjača

morž

morž

lisica

lisica

gazela

gazela

americki nogomet
americki nogomet

biciklizam
biciklizam

tenis
tenis

košarka
košarka

plivanje
plivanje

boks
boks

hockey na ledu
hokej na ledu

nogomet
fudbal

badminton
badminton

atletika
atletika

rukomet
rukomet

skijanje
skijanje

polo
polo

skočiti
skočiti

smijati se
smejati se

zagrliti
zagrliti

ići
ići

pjevati
pevati

sanjati
sanjati

moliti se
moliti se

poljubiti
poljubiti

pisati
pisati

crtati
crtati

pokazati
pokazati

gurati
gurati

dati
dati

uzeti
uzeti

imati

imati

činiti

činiti

biti

biti

stojati

stojati

trčati

trčati

povlačiti

povlačiti

baciti

baciti

padati

padati

ležati

ležati

čekati

čekati

nositi

nositi

sjediti

sediti

oblačiti

oblačiti

spavati

spavati

probuditi se

probuditi se

gledati

gledati

plakati

plakati

milovati

milovati

češljati

češljati

govoriti

govoriti

razumjeti

razumeti

pitati

pitati

slušati

slušati

piti

piti

jesti

jesti

pospremiti

pospremiti

voljeti

voleti

kuhati

kuhati

voziti

voziti

letjeti

leteti

aktivnosti - aktivnosti

ploviti

ploviti

računati

računati

čitati

čitati

učiti

učiti

raditi

raditi

vjenčati se

venčati se

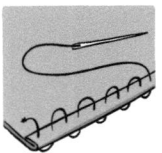

šiti

šiti

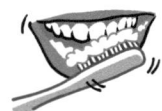

prati zube

prati zube

ubiti

ubiti

pušiti

pušiti

poslati

poslati

obitelj
porodica

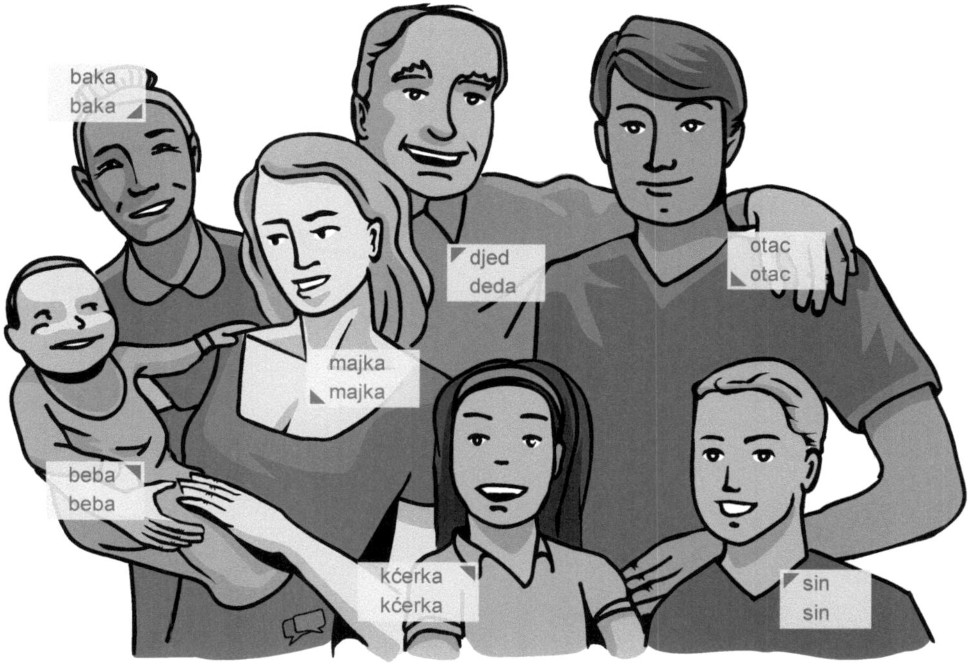
baka
baka
djed
deda
otac
otac
majka
majka
beba
beba
kćerka
kćerka
sin
sin

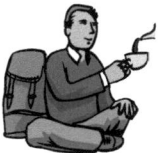

gost

gost

tetka

tetka

ujak, stric

ujak, stric

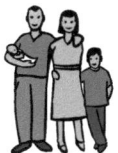

brat

brat

sestra

sestra

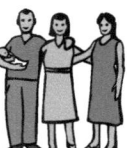

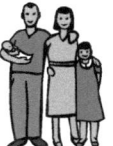

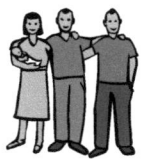

tijelo
telo

čelo
čelo
oko
oko
rame
rame
prst
prst
lice
lice
brada
brada
ruka
ruka
noga
noga
grudi
grudi
ruka
ruka

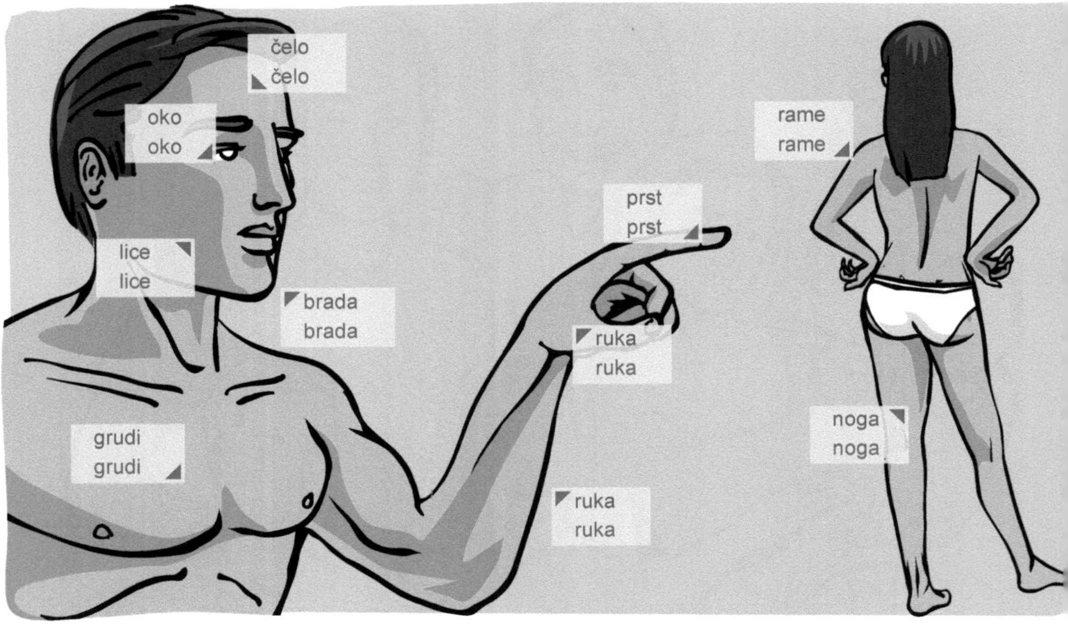

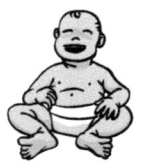

beba
beba

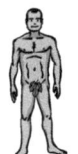

muškarac
muškarac

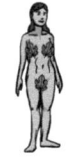

žena
žena

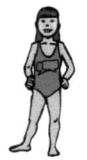

djevojčica
devojčica

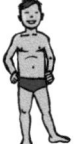

dječak
dečak

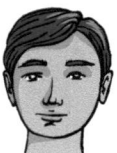

glava
glava

leđa
leđa

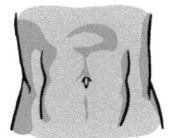

trbuh
stomak

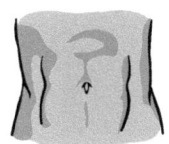

pupak
pupak

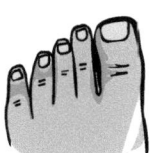

nožni prst
nožni prst

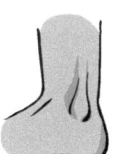

peta
peta

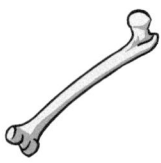

kost
kost

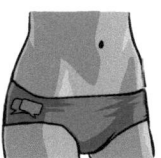

kuk
kukovi

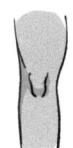

koljeno
koleno

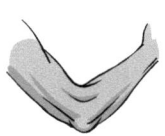

lakat
lakat

nos
nos

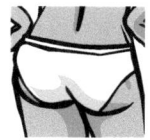

stražnjica
zadnjica

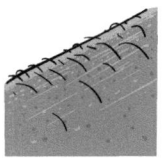

koža
koža

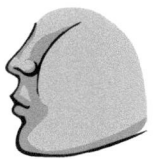

obraz
obraz

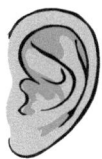

uho
uvo

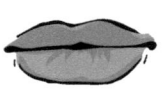

usna
usna

usta

usta

zub

zub

jezik

jezik

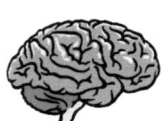

mozak

mozak

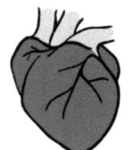

srce

srce

mišić

mišić

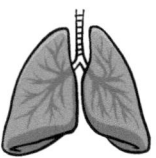

pluća

pluća

jetra

jetra

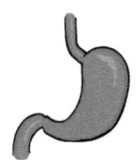

želudac

želudac

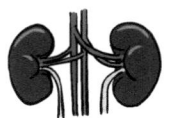

bubrezi

bubrezi

snošaj

polni odnos

kondom

kondom

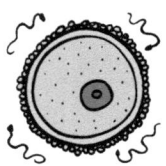

jajna stanica

jajna ćelija

sperma

sperma

trudnoća

trudnoća

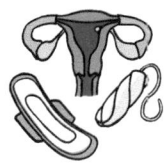

menstruacija
menstruacija

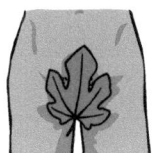

vagina
vagina

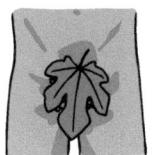

penis
penis

obrva
obrva

kosa
kosa

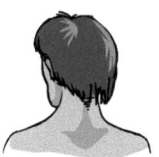

vrat
vrat

bolnica
bolnica

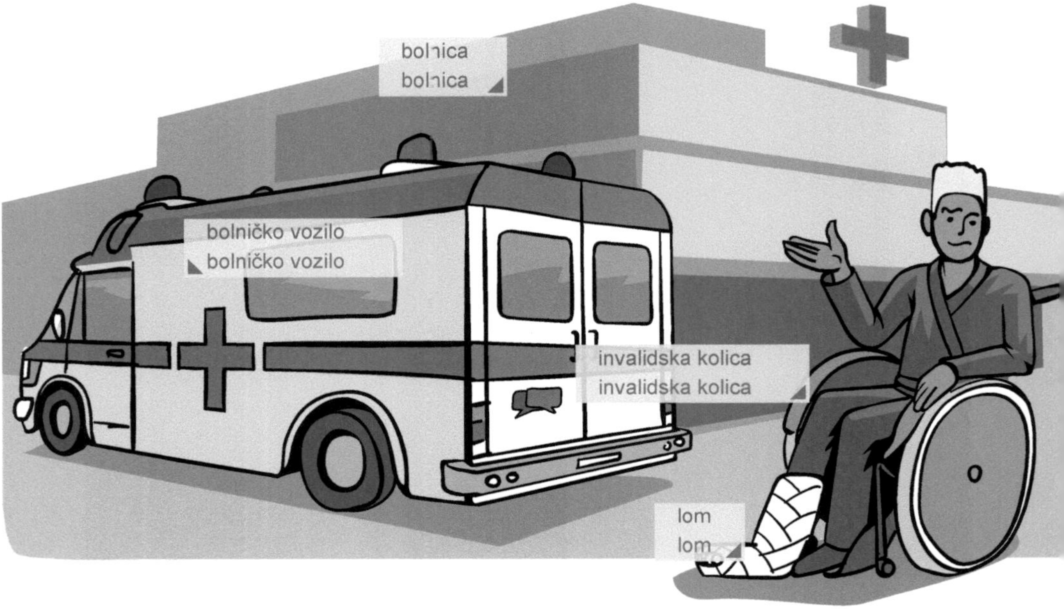

bolnica
bolnica
bolničko vozilo
bolničko vozilo
invalidska kolica
invalidska kolica
lom
lom

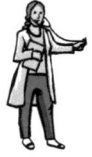

liječnik
lekar

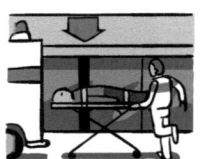

hitna medicinska služba
hitna medicinska služba

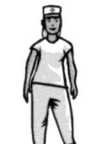

medicinska sestra
medicinska sestra

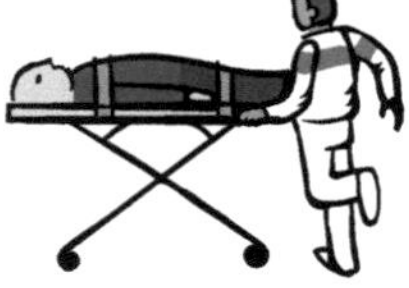

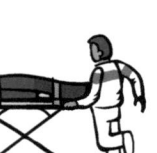

hitni slučaj
hitni slučaj

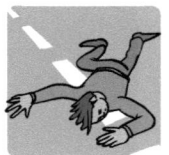

nesvijest
nesvest

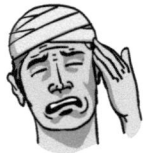

bol
bol

ozljeda

povreda

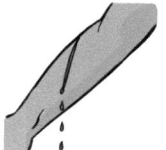

krvarenje

krvarenje

srćani infarkt

srčani udar

moždani udar

udar

alergija

alergija

kašalj

kašalj

groznica

groznica

gripa

gripa

proljev

proliv

glavobolja

glavobolja

rak

rak

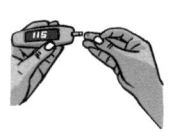

dijabetes

dijabetes

kirurg

hirurg

skalpel

skalpel

operacija

operacija

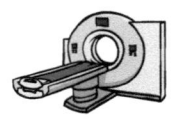

ct
ct

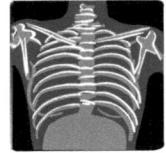

rentgen
rentgen

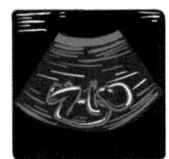

ultrazvuk
ultrazvuk

maska
maska

bolest
bolest

čekaonica
čekaona

štaka
štaka

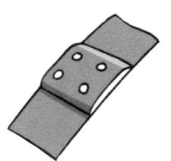

flaster
flaster

zavoj
zavoj

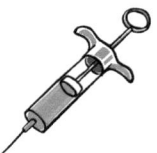

injekcija
injekcija

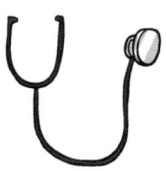

stetoskop
stetoskop

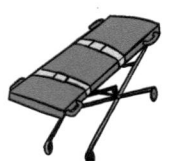

nosilo
nosila

termometar
termometar

rođenje
rođenje

prekomjerna težina
prekomerna težina

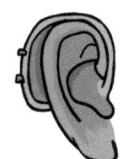

slušni aparat

slušni aparat

sredstvo za dezinfekciju

sredstvo za dezinfekciju

infekcija

infekcija

virus

virus

hiv / sida

HIV / AIDS

medicina

medicina

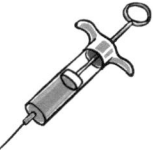

vakcinacija

vakcinacija

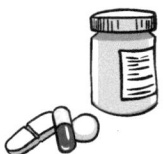

tablete

tablete

pilula

pilula

poziv u pomoć

hitni poziv

uređaj za mjerenje tlaka

uređaj za merenje pritiska

bolesno / zdravo

bolesno / zdravo

pomoć!
pomoć!

alarm
alarm

nasrtaj
nasrtaj

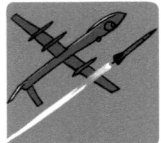

napad
napad

opasnost
opasnost

izlaz za nuždu
izlaz u slučaju nužde

požar!
požar!

vatrogasni aparat
protivpožarni aparat

nezgoda
nezgoda

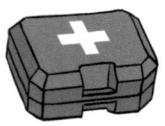

kofer prve pomoći
kutija prve pomoći

sos
sos

policija
policija

Europa

Evropa

sjeverna amerika

Severna Amerika

južna amerika

Južna Amerika

Afrika

Afrika

Azija

Azija

Australija

Australija

Atlantik

Atlantik

Pacifik

Pacifik

ocean

Indijski okean

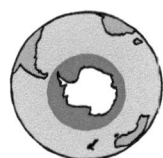

antarktički ocean

Antarktički okean

arktički ocean

Arktički ocean

sjeverni pol

Severni pol

južni pol

Južni pol

Antarktik

Antarktik

zemlja

zemlja

zemlja

zemlja

more

more

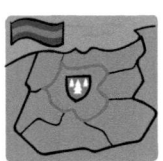

otok

otok

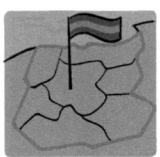

nacija

nacija

država

država

brojčanik sata

brojčanik sata

satna kazaljka

satna kazaljka

minutna kazaljka

minutna kazaljka

sekundna kazaljka

sekundna kazaljka

Koliko je sati?

Koliko je sati?

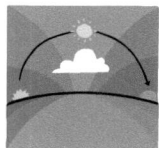

dan

dan

vrijeme

vreme

sada

sada

digitalni sat

digitalni sat

minuta

minuta

sat

čas

tjedan
sedmica

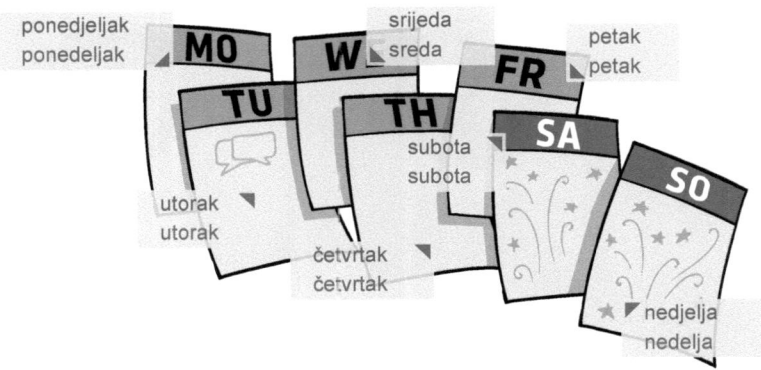

ponedjeljak
ponedeljak

srijeda
sreda

petak
petak

utorak
utorak

četvrtak
četvrtak

subota
subota

nedjelja
nedelja

jučer
juče

danas
danas

sutra
sutra

jutro
jutro

podne
podne

večer
veče

MO	TU	WE	TH	FR	SA	SU
1	2	3	4	5	6	7
8	9	10	11	12	13	14
15	16	17	18	19	20	21
22	23	24	25	26	27	28
29	30	31	1	2	3	4

radni dani
radni dani

MO	TU	WE	TH	FR	SA	SU
1	2	3	4	5	6	7
8	9	10	11	12	13	14
15	16	17	18	19	20	21
22	23	24	25	26	27	28
29	30	31	1	2	3	4

vikend
vikend

godina
godina

kiša
kiša
duga
duga
vjetar
vetar
snijeg
sneg
proljeće
proleće
ljeto
leto
jesen
jesen
zima
zima

4.APRIL 11°
5.APRIL 4°
6.APRIL 13°
7.APRIL 8°
8.APRIL 10°

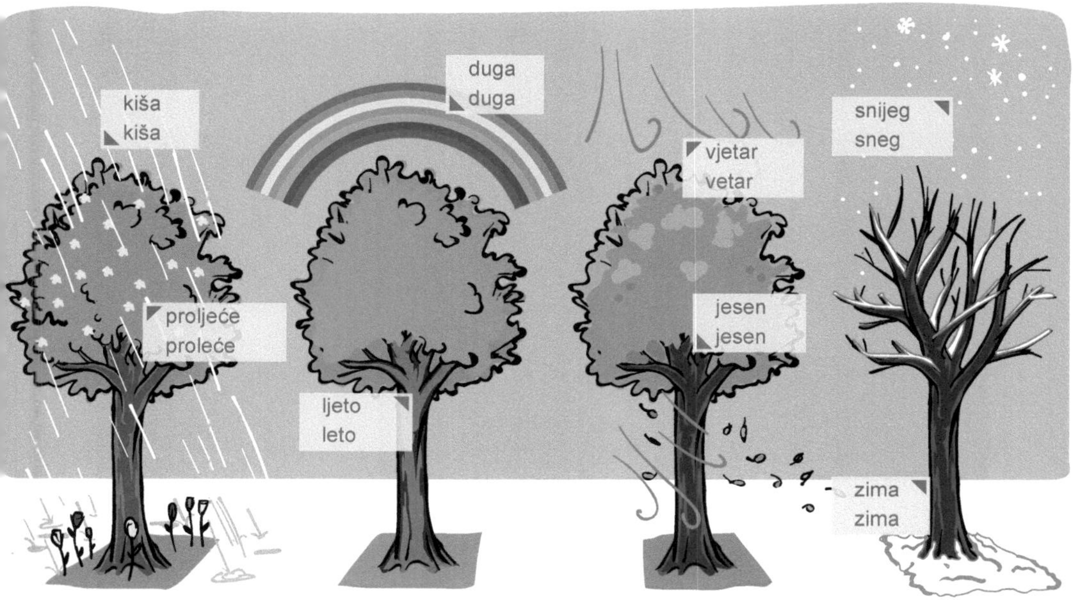

meteorološka prognoza

meteorološka prognoza

F
C
120
90
60
30
0
-30
40
30
20
10
0
-10
-20

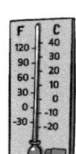

termometar

termometar

sunčana svjetlost

sunčana svetlost

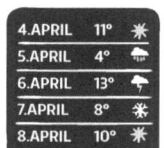

oblak

oblak

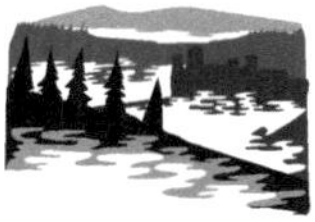

magla

magla

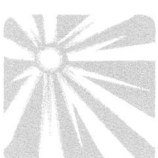

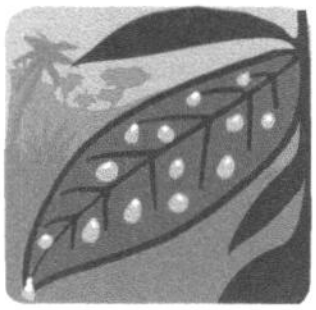

vlažnost zraka

vlažnost vazduha

munja

munja

grmljavina

grmljavina

oluja

oluja

tuča

tuča

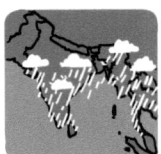

monsun

monsun

poplava

poplava

led

led

siječanj

januar

veljača

februar

ožujak

mart

travanj

april

svibanj

maj

lipanj

juni

srpanj

juli

kolovoz

avgust

godina - godina

rujan
....
septembar

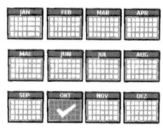

listopad
....
oktobar

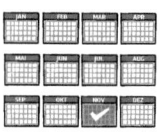

studeni
....
novembar

prosinac
....
decembar

oblici

oblici

krug
....
krug

kvadrat
....
kvadrat

pravokutnik
....
pravougao

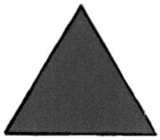

trokut
....
trougao

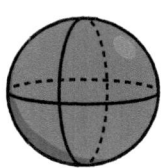

kugla
....
kugla

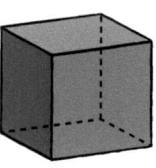

kocka
....
kocka

bijela
....
bela

žuta
....
žuta

narančasta
....
narandžasta

ružičasta
....
ružičasta

crvena
....
crvena

ljubičasta
....
ljubičasta

plava
....
plava

zelena
....
zelena

smeđa
....
smeđa

siva
....
siva

crna
....
crna

mnogo / malo
mnogo / malo

ljutito / mirno
ljutito / mirno

lijepo / ružno
lepo / ružno

početak / kraj
početak / kraj

veliko / maleno
veliko / maleno

svijetlo / tamno
svetlo / tamno

brat / sestra
brat / sestra

čisto / prljavo
čisto / prljavo

potpuno / nepotpuno
potpuno / nepotpuno

dan / noć
dan / noć

mrtvo / živo
mrtvo / živo

široko / usko
široko / usko

jestivo / nejestivo

jestivo / nejestivo

zlo / dobro

zlo / dobro

uzbuđeno / dosadno

uzbuđeno / dosadno

debelo / mršavo

debelo / mršavo

na početku / na kraju

na početku / na kraju

prijatelj / neprijatelj

prijatelj / neprijatelj

puno / prazno

puno / prazno

tvrdo / mekano

tvrdo / mekano

teško / lagano

teško / lagano

glad / žeđ

glad / žeđ

bolesno / zdravo

bolesno / zdravo

ilegalno / legalno

ilegalno / legalno

pametno / glupo

pametno / glupo

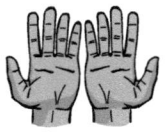

lijevo / desno

levo / desno

blizu / daleko

blizu / daleko

novo / rabljeno

novo / polovno

ništa / nešto

ništa / nešto

staro / mlado

staro / mlado

uključeno / isključeno

uključeno / isključeno

otvoreno / zatvoreno

otvoreno / zatvoreno

tiho / glasno

tiho / glasno

bogato / siromašno

bogato / siromašno

točno / pogrešno

tačno / pogrešno

hrapavo / glatko

hrapavo / glatko

tužno / sretno

tužno / sretno

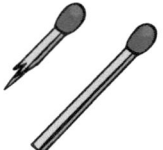

kratko / dugo

kratko / dugo

polako / brzo

polako / brzo

mokro / suho

mokro / suho

toplo / hladno

toplo / hladno

rat / mir

rat / mir

0

nula

nula

1

jedan

jedan

2

dva

dva

3

tri

tri

4

četiri

četiri

5

pet

pet

6

šest

šest

7

sedam

sedam

8

osam

osam

9

devet

devet

10

deset

deset

11

jedanaest

jedanaest

12

dvanaest

dvanaest

13

trinaest

trinaest

14

četrnaest

četrnaest

15

petnaest

petnaest

16

šestnaest

šestnaest

17

sedamnaest

sedamnaest

18

osamnaest

osamnaest

19

devetnaest

devetnaest

20

dvadeset

dvadeset

100

stotinu

stotinu

1.000

tisuću

hiljadu

1.000.000

milijun

milion

engleski
....
engleski

američko engleski
....
američki engleski

kinesko mandarinski
....
mandarinski kineski

hindi
....
hindski

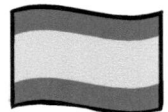

španjolski
....
španski

francuski
....
francuski

arapski
....
arapski

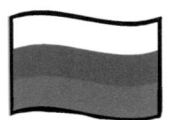

ruski
....
ruski

portugalski
....
portugalski

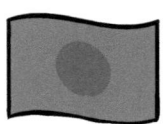

bengalski
....
bengalski

njemački
....
nemački

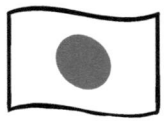

japanski
....
japanski

ja
ja

ti
ti

on / ona / ono
on / ona / ono

mi
mi

vi
vi

oni
oni

tko?
Ko?

što?
Šta?

kako?
Kako?

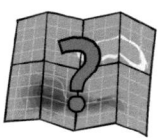

gdje?
Gde?

kada?
Kada?

ime
ime

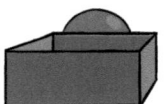

iza

iza

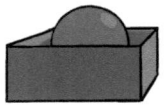

u

u

ispred

ispred

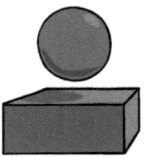

preko

preko

na

na

ispod

ispod

pored

pored

između

između

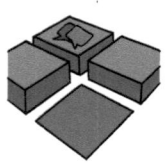

mjesto

mesto